AF498128

MINISTÈRE DE LA GUERRE

COMITÉ DE L'ARTILLERIE

# PROGRAMME

## DES

# EXERCICES DE TIR PLONGEANT

## ET DE TIR A 35° ET A 45°

### A FAIRE EXÉCUTER EN 1863

## PAR LES RÉGIMENTS D'ARTILLERIE

**Approuvé le 29 juillet 1863**

Suivi d'Extraits du Rapport sur le tir plongeant et le tir à 45° des canons de 12, rayés, de siége et de campagne, exécutés en 1862 dans les Écoles d'artillerie

STRASBOURG

IMPRIMERIE DE VEUVE BERGER-LEVRAULT

1863

# PROGRAMME

## DES EXERCICES DE TIR PLONGEANT

### ET DE TIR A 55° ET A 45°

A FAIRE EXÉCUTER EN 1863

PAR LES RÉGIMENTS D'ARTILLERIE

## AVERTISSEMENT.

Les exercices de tir plongeant et de tir à 45° des canons de 12, rayés, de siége et de campagne, exécutés dans les régiments en 1862, ont donné lieu à un assez grand nombre d'observations utiles.

Quelques-unes de ces observations ont été l'occasion de modifications introduites dans le programme des exercices de tir à exécuter en 1863; les autres ont été jugées assez importantes pour être communiquées, *in extenso*, aux régiments qui profiteront ainsi de l'expérience acquise par leurs travaux mutuels.

Ces observations sont contenues dans un rapport dont l'extrait est joint au présent programme.

Indépendamment des exercices de tir exécutés conformément au programme du 4 août 1862, des expériences spéciales ont été entreprises dans les Écoles de Metz, La Fère et Valence, pour l'étude du tir des canons de 12, rayés, sous les angles compris entre 30° et 60°.

Il paraît résulter de ces expériences que les angles de 50°, 55° et 60° ne donnent pas des résultats aussi favorables que les angles de

30°, 35°, 40° et 45° et que, parmi ces derniers, c'est l'angle de 35° qui semble devoir être préféré.

En conséquence, le tir sous cet angle a été ajouté aux exercices qui doivent être exécutés par les régiments d'artillerie, en 1863, conformément au programme suivant :

## ARTICLE PREMIER.

Les cadres de chaque régiment d'artillerie exécuteront le tir plongeant et le tir sous les angles de 35° et 45°, à raison de deux séances par batterie.

## ART. 2.

### Bouches à feu.

A cet effet, il sera mis par les Écoles à la disposition des régiments, quatre canons de 12, rayés, savoir :

deux canons de 12 de siége et deux canons de 12 de campagne.

La vérification de ces bouches à feu sera faite avant et après les exercices de tir. Le procès-verbal de visite de chaque bouche à feu sera adressé au Ministre en même temps que le rapport sur les résultats du tir.

## ART. 3.

### Dégradations des bouches à feu.

Les bouches à feu qui, dans le cours des exercices de tir, présenteraient des dégradations [1] assez notables pour nuire à la justesse du tir seront remplacées par des pièces neuves ou de bon service.

Mention de cette circonstance sera faite sur les rapports, qui devront indiquer le motif du remplacement d'une bouche à feu et le nombre des coups tirés au moment où il aura lieu.

---

1. En indiquant l'emplacement des dégradations, on aura égard à l'observation suivante :

Le flanc de la rayure sur lequel s'appuie l'ailette, pendant l'*introduction du projectile* dans l'âme, sera dénommé *flanc de chargement;* le flanc de la rayure sur lequel s'appuie l'ailette, à la *sortie du projectile* de l'âme, sera dénommé *flanc de tir.*

## Art. 4.

### Affûts.

L'état de conservation des affûts, avant et après le tir, sera également constaté par une visite minutieuse, dont les résultats seront consignés dans un des articles du rapport adressé au Ministre par MM. les généraux commandant l'artillerie.

## Art. 5.

### Direction des exercices de tir.

Bien qu'exécutés par les cadres des régiments, les exercices de tir auront lieu sous la haute direction de MM. les généraux commandant l'artillerie, qui feront connaître d'avance les batteries qui devront tirer aux jours indiqués, et, pour chacune d'elles, la distance, l'angle de tir et le but à atteindre.

## Art. 6.

### Nombre de coups à tirer.

Chaque batterie tirera 10 coups par pièce, soit 40 coups par séance; elle les tirera à une seule distance, sous un seul angle et sur le même but pour chaque séance; les charges seules pourront varier.

## Art. 7.

### Angles de tir.

L'angle de tir désigné au commandant de batterie sera, soit l'un des angles de 35° et 45° qui représentent le tir en bombe, soit l'un des cinq angles de tir plongeant: 8°, 12°, 16°, 20° et 24°, mais, plus particulièrement, parmi ceux-ci, les angles de 12°, 16° et 20°, qui, dans les conditions ordinaires, paraissent donner les meilleurs résultats.

Le tir à 35° et à 45° aura lieu, par moitié, dans la proportion d'un sixième; le tir sous tous les autres angles, dans la proportion des cinq sixièmes.

## ART. 8.

### Distances de tir.

La distance du tir variera, pour le tir plongeant, depuis 300 mètres jusqu'à la limite du polygone, et, pour le tir en bombe, depuis 500 mètres jusqu'à la même limite.

Le tir plongeant de la pièce de 12 de campagne sera particulièrement étudié aux distances de 300, 500, 700 mètres, etc., 1,300 mètres, auxquelles ce tir n'a pas eu lieu dans les expériences de 1861.

## ART. 9.

### Tir en bombe.

Le tir à 45° du canon de 12 rayé, de campagne, qui n'avait pas été étudié en 1861, et pour lequel les tables de tir établies à cette époque ne contiennent aucun document, sera exécuté avec assez de soin pour que l'on puisse obtenir des données précises.

Il en sera de même pour le tir à 35° des deux pièces de 12, de siége et de campagne.

Dans les polygones qui le permettront, on consacrera deux séances au tir de ces bouches à feu, sous les angles de 35° et 45°, *à la distance de 2,000 mètres.*

## ART. 10.

### Plates-formes.

La veille de chaque séance de tir, les commandants de batterie feront construire par leurs cadres, aux distances indiquées, les plates-formes à la Prussienne, correspondant à l'angle sous lequel ils devront tirer.

Les modifications suivantes seront apportées à la construction de ces plates-formes :

1° La distance d'entr'axe des madriers des roues sera réduite de 1ᵐ,60 à 1ᵐ,56.

2° La directrice des plates-formes pour le tir plongeant sera inclinée de 0ᵐ,25 par 10 mètres, sur la ligne qui joint le point à battre au milieu du heurtoir. (Cette disposition, proposée par l'École de Bourges, aura l'avantage de maintenir, dans le recul, les roues et la crosse sur leurs madriers respectifs.)

3° L'excavation pourra être un peu élargie, à hauteur de la crosse, afin de permettre au pointeur-servant de placer les pieds sur le même plan que celle-ci.

4° L'axe de la plate-forme, pour le tir à 35° et à 45°, sera placé exactement dans la direction du *plan de tir dérivé*[1] correspondant à la distance de tir.

5° Les Écoles qui feront usage, pour le tir à 35° et à 45°, des plates-formes nᵒˢ 1 et 2, inclineront le madrier de crosse à 15°, comme cela a lieu pour la plate-forme nᵒ 3.

Art. 11.

Chargement.

Pour faciliter le chargement et assurer la sortie des débris enflammés, la culasse sera élevée le plus possible avec des coins de mire placés sous le premier renfort, et l'on ne fera usage de la vis de pointage qu'au moment de donner l'angle de tir. On écouvillonnera avec l'écouvillon de 16 et l'on se servira du dégorgeoir de siége. Les pièces seront lavées à grande eau après chaque séance de tir; cette précaution dispensera de l'emploi, pendant le tir, de l'écouvillon mouillé, qui a l'inconvénient de faire varier les portées d'une manière notable.

Art. 12.

Charges.

Les charges seront préparées par les artificiers de la batterie, en présence d'un sous-chef artificier de régiment.

---

1. On entend par *plan de tir dérivé*, le plan vertical qui contient l'axe de la bouche à feu, lorsque la ligne de mire *artificielle* est dirigée sur le but à battre.

On emploiera :

Pour les charges de 100 à 200 grammes, un sachet dont le culot aura 60 millimètres de diamètre ;

Pour les charges entre 200 et 300 grammes, le sachet de 4 de montagne ;

Pour les charges entre 300 et 500 grammes, le sachet de 4 de campagne ;

Enfin, pour les charges supérieures à 500 grammes, le sachet de 12 de campagne.

Afin d'éviter les ratés, il conviendra de couper l'excédant de serge des sachets après avoir fait la ligature.

## ART. 13.

### Projectiles.

L'École ne rejettera, parmi les projectiles, que ceux qui seront visiblement défectueux ; tous les projectiles seront pesés et lestés au poids uniforme de $11^k,500$.

## ART. 14.

### But à atteindre.

Deux affûts en voliges seront placés derrière les crêtes du chemin couvert et du redan, et deux autres derrière la traverse du chemin couvert, le premier à 3 mètres et le second à 9 mètres de la crête couvrante. Un terre-plein de 55 mètres de long sur 8 mètres de large, sera tracé avec des piquets dans le chemin couvert.

Dans les Écoles qui auront à leur disposition du matériel hors de service, on remplacera, pour juger des effets destructeurs du tir, un des affûts en voliges par un affût hors de service ; les autres affûts en voliges pourront recevoir une roue réelle hors de service.

## ART. 15.

### Pointage.

On donnera les degrés au moyen du quart de cercle à niveau, en tenant compte de l'angle d'élévation du but, c'est-à-dire que si l'angle de tir indiqué au commandant de la batterie est, par exemple, de 16° et que l'angle d'élévation du but soit de 1° *au-dessus* du plan horizontal passant par l'axe des tourillons, le pointeur donnera réellement 17° avec le quart de cercle; si l'angle d'élévation du but était de 1° *au-dessous* de l'horizon, le pointeur ne donnerait au quart de cercle que 15°.

Cette manière d'opérer paraît la plus simple pour tenir compte des différences de niveau entre le sol de la batterie et le but à battre.

Le pointage sera l'objet de l'attention particulière des commandants de batterie, qui trouveront dans l'Extrait du rapport qui accompagne le présent programme, des indications sur les principaux procédés de pointage employés en 1862.

Dans aucun cas il ne sera fait usage de blancs pendant le tir, pour indiquer, soit le but à battre, soit le point à viser pour corriger la dérivation.

## Art. 16.

### Procès-verbaux.

Un procès-verbal détaillé, conforme au modèle ci-joint et contenant toutes les observations utiles à recueillir, sera établi par les soins des commandants de batterie.

Ces procès-verbaux seront adressés par la voie hiérarchique au chef de corps, qui les réunira et les transmettra au général commandant de l'artillerie, en y joignant ses propres observations.

Cet officier général fera établir, d'après ces procès-verbaux, et adressera au Ministre un tableau conforme au modèle ci-joint et faisant connaître, pour chaque batterie, la distance, l'angle de tir, la portée de la poudre, les charges moyennes adoptées, les portées moyennes, les dérivations obtenues, le nombre des coups tirés, le nombre des coups ayant atteint le terre-plein de 55 mètres de long sur 8 mètres de large et le nombre d'affûts touchés totalisés par distance et par angle de tir, mais en distinguant rigoureusement les résultats obtenus avec les pièces de siége de ceux que fourniront les pièces de campagne.

## Art. 17.

### Commissions spéciales.

MM. les généraux commandants de l'artillerie nommeront dans chaque École une commission chargée de suivre les diverses circonstances du tir et d'étudier notamment les questions suivantes :

1° Emploi pour le tir plongeant des canons de 12, rayés, d'une plate-forme proposée par l'École de Bourges et dont le dessin et la description sommaire sont joints au présent programme. (Note A.)

2° Proposition de M. le commandant Chopin, chef d'escadron au 2ᵉ régiment d'artillerie, ayant pour objet d'exécuter le tir plongeant et le tir à 45° des canons de 12, rayés, en les plaçant sur leur affût, la volée tournée du côté de la crosse. (Note B.)

3° Quel est le meilleur emplacement à donner aux batteries de tir plongeant, par rapport au prolongement de la crête de l'ouvrage à battre? Y a-t-il avantage, comme le propose M. le capitaine Portes, du 2ᵉ régiment d'artillerie, à se placer à droite du prolongement de la crête intérieure et à une distance de ce prolongement égale à la dérivation à corriger?

4° Le but à battre, à partir duquel se comptent les distances du tir, doit-il être supposé sur la crête couvrante ou dans l'intérieur de l'ouvrage?

Dans ce dernier cas, à quelle distance des crêtes doit-il être pris?

Ces questions feront l'objet d'un rapport spécial, qui sera adressé au Ministre en même temps que les documents mentionnés dans l'article précédent, par MM. les généraux commandants de l'artillerie, qui devront y consigner leur avis personnel.

Paris, le 2 juillet 1863.

*Le Général de division, Sénateur,*
*Président du Comité de l'artillerie,*
Signé : Vᵗᵉ DE LA HITTE.

Approuvé le 29 juillet 1863.
*Le Ministre de la marine et des colonies, chargé*
*par intérim du département de la guerre,*
Signé : Cᵗᵉ DE CHASSELOUP-LAUBAT.

Plate-forme pour le tir plongeant
des Canons rayés de 12.
(Proposée par l'École de Bourges)
A.T.

## Note A.

### Description sommaire de la plate-forme proposée par l'École de Bourges, pour le tir plongeant.

Une commission, prise parmi les officiers du 19ᵉ régiment d'artillerie, a proposé de substituer deux lambourdes de $2^m,40$ de longueur et de $0^m,22$ d'équarrissage, aux madriers de roues. Ces lambourdes sont placées directement sur le sol légèrement approfondi
et nivelé et ne demandent pour leur consolidation ni gîtes ni bouts
de madriers.

Elles sont très-suffisamment maintenues dans leur position nor-
male par quelques piquets et par la terre, provenant de l'excavation
faite pour recevoir la crosse de l'affût, que l'on a soin de placer et
de damer fortement autour d'elles.

Cette plate-forme a sur la plate-forme construite en madriers,
l'avantage d'être d'une exécution plus prompte et d'être presque in-
variable dans son horizontalité.

(Extrait du Rapport sur le tir plongeant, adressé à M. le Ministre de la
guerre par M. le général commandant l'artillerie dans la 19ᵉ division
militaire.)

# Note B.

**Proposition de M. le commandant d'artillerie Chopin, tendant à faire exécuter le tir plongeant et le tir à 45°, en plaçant les canons de 12, rayés, sur leurs affûts, la volée dirigée vers la crosse.**

Dans la position proposée, la crosse reposant à terre, il est possible de tirer : sous l'angle de 8°, la pièce de campagne, et, sous les angles de 8° à 16°, la pièce de siége. En soulevant la crosse, il est facile d'arriver à donner aux deux pièces les angles de tir intermédiaires entre 8° et 45°, pour la pièce de campagne, et entre 16° et 45° pour la pièce de siége. Il suffit, pour cela, de placer des chantiers et des coins de mire, soit sous la flèche, soit sous le bouton de culasse.

Quelques coups ont été tirés sous les angles de 24° et de 45°, avec une pièce ainsi disposée; la pièce et l'affût se sont bien comportés dans le tir.

Les commissions instituées dans chaque École, conformément à l'article 17 du programme ci-joint, devront faire tirer quelques coups de canon avec des pièces de 12 de siége et de campagne, ainsi disposées, et indiqueront, dans leurs rapports, les mesures à prendre pour assurer les positions de la pièce et de l'affût dans le tir sous les différents angles de tir plongeant et dans le tir à 35° et à 45°.

# EXTRAITS DU RAPPORT

## SUR LE TIR PLONGEANT ET LE TIR A 45°

### DES CANONS DE 12, RAYÉS, DE SIÉGE ET DE CAMPAGNE,

#### EXÉCUTÉS EN 1862

#### DANS LES ÉCOLES D'ARTILLERIE.

---

### Pointage.

Le programme prescrivait de pointer à gauche du but d'une quantité égale à la dérivation et de donner les degrés avec le quart de cercle à niveau.

Cet instrument a donné lieu, en général, aux observations déjà mentionnées au chapitre I$^{er}$ (page 14) du compte rendu des expériences de 1861.

On s'accorde à désirer que la base d'appui de cet instrument soit élargie, et l'on a remarqué, en outre, que le curseur qui porte le niveau, glisse avec trop de facilité sur le limbe.

Il peut en résulter des erreurs dans le pointage, qui seraient évitées, si le ressort qui fixe le curseur sur le limbe était renforcé ou remplacé par une vis de pression.

La question du pointage a été traitée avec beaucoup de développements par un grand nombre d'Écoles; des procédés nombreux ont été essayés; quelques propositions se sont produites.

L'examen de ces dernières est renvoyé à une commission spéciale et l'on se bornera à indiquer ici, sommairement, les principaux procédés qui ont été employés pour le tir plongeant et le tir à 45°, suivant que le but était visible ou invisible.

## Pointage sur un but visible.

### (Tir plongeant.)

Le cahier nº 1 du compte rendu des expériences de 1861 avait indiqué le pointage avec la ligne de mire latérale, comme favorable à la justesse du tir et praticable dans un grand nombre de circonstances du tir plongeant.

Cette observation n'a pas été perdue de vue par plusieurs Écoles, qui se sont efforcées d'utiliser, pour le tir plongeant, la hausse latérale construite pour le tir de plein fouet.

*Hausse latérale.* — L'emploi de la hausse latérale, dans le tir plongeant, est fondé sur ce fait d'expérience que, quels que soient la distance du but et l'angle du tir, l'écart dû à la dérivation est égal aux $^2/_{25}$ de l'abaissement du projectile au-dessous de la ligne de tir.

D'autre part, lorsqu'on élève la hausse latérale dans son logement, le croisillon étant à zéro, l'écart de l'œilleton, par rapport au plan de tir latéral, est, à cause de la construction de la hausse, égal à environ $^2/_{25}$ de la hauteur de celle-ci.

Il résulte de ce double fait que, connaissant la distance du but et la dérivation correspondante sous un certain angle de tir, on obtient par une simple proportion :

$$\frac{2}{25}\, h : l :: D : P.$$

($h =$ hauteur de la hausse; $l =$ distance de l'œilleton au sommet du guidon; $D =$ dérivation; $P =$ portée.)

soit l'écart latéral du croisillon ($^2/_{25}\, h$), soit la hauteur de la hausse latérale ($h$) qu'il faut employer pour corriger la dérivation.

On peut donc former une table, donnant, pour chaque distance et pour chaque angle de tir, la hauteur de hausse latérale convenable, ou l'écart latéral du croisillon.

Mais, comme la quantité disponible dont on peut élever la hausse n'est que de 240 millimètres environ, toutes les fois que la hausse des tables dépasse cette hauteur, la hausse latérale ne peut plus servir sans une modification qui permette de l'allonger, ou, ce qui revient au même, de porter l'œilleton à gauche de la position du zéro.

Dans la hausse latérale actuelle, la course possible de l'œilleton est de 10 millimètres à gauche, ce qui permet, en levant la hausse de toute sa hauteur, un écart total de l'œilleton égal à 29 millimètres, représentant une hausse d'environ 37 centimètres.

Mais, outre que cette hauteur de hausse n'est pas suffisante pour corriger toutes les dérivations qui se présentent dans le tir plongeant, il y a inconvénient à élever la hausse latérale de toute sa hauteur, parce que, dans cette position, elle ballotte dans son logement, et donne forcément lieu à des inexactitudes.

Toutes les Écoles qui ont fait usage de la hausse latérale, ont reconnu son bon emploi dans les limites où il est possible (jusqu'à environ 180 millimètres de hauteur) et s'accordent à désirer qu'on puisse la modifier de manière à la rendre applicable à tous les cas du tir plongeant, soit en l'allongeant, soit en augmentant la course du curseur à croisillon et en la rendant possible dans les deux sens.

Par une singulière inadvertance, le croisillon des hausses de l'École de Douai ne pouvait se mouvoir qu'à droite du zéro de la glissière. Pour utiliser ces hausses, on a rapporté un second œilleton sur la branche gauche du curseur. Cet œilleton, placé à une distance du premier, égale à l'écart maximum que permet celui-ci lorsque la hausse est entièrement levée ($19^{mill.}$,14), a permis d'employer la hausse jusqu'à des distances auxquelles correspondaient des dérivations d'environ 50 mètres et qui auraient exigé une longueur de hausse double de la hausse ordinaire.

Mais cette modification, si ingénieuse qu'elle soit, ne pouvait être qu'un expédient qui nécessitait certains calculs, pouvait donner lieu à des erreurs, et avait, en outre, le désavantage d'être peu saisissable à l'esprit des canonniers et même des sous-officiers.

Par ces divers motifs, le commandant Legardeur a été amené à proposer un modèle spécial de hausse latérale, qui sera l'objet d'un rapport particulier.

Il en sera de même : 1° d'un travail très-complet de M. le commandant de Gressot, qui a cherché à démontrer que la hausse latérale, légèrement modifiée, suffit dans toutes les circonstances du tir plongeant, pour les canons de 12, rayés, de siége et de campagne, sur un but visible ou invisible;

2° De deux instruments spéciaux de pointage, proposés par MM. de Bonnault, capitaine au 13° régiment, et Baudot, lieutenant au même régiment.

Un officier a proposé à l'École de Valence de rapprocher le logement de la hausse à 360 millimètres du tourillon.

Cette disposition permettrait d'employer la hausse latérale à toute distance et pour tous les angles de tir jusqu'à 45°; mais elle serait incommode pour le pointage et emploierait une ligne de mire trop courte pour donner beaucoup d'exactitude.

A l'École de Metz on a mis en essai un instrument de pointage, dont l'idée première paraît être venue simultanément à l'esprit de M. le colonel Tellier, commandant le 20e régiment à cheval, et d'un capitaine au 5e régiment (M. de Nicol).

### Règle à pointer.

L'instrument employé au 20e régiment consiste en une règle carrée, graduée en millimètres sur une longueur de 24 centimètres, et portant un œilleton fixé à l'une de ses extrémités. La règle glisse horizontalement dans un chapeau fixé sur la hausse médiane, à une hauteur convenable pour ne pas être gêné dans le pointage par les anses (environ 18 cent.).

On se sert, pour pointer, de la ligne de mire médiane et l'on calcule le nombre de millimètres dont l'œilleton doit être déplacé à gauche, par une 4e proportionnelle à la dérivation, à la portée et à la longueur de la pièce entre le cran de mire de la règle à pointer et celui du bourlet.

Cet instrument a l'avantage d'employer toute la longueur de la ligne de mire médiane, ce qui paraît favorable à la justesse. Ses dimensions permettent de corriger la dérivation jusqu'à la distance de 3,000 mètres et pour l'angle de 45°. Il porte un niveau à bulle d'air, qui donne l'indication de l'horizontalité des tourillons et permet de la rétablir quand elle n'existe pas.

Il paraît avoir été d'un bon emploi à Metz, et il y aurait lieu d'en faire l'essai dans d'autres Écoles, concurremment avec une hausse latérale modifiée.

On doit cependant faire remarquer que l'emploi de la règle à pointer exige que la pièce soit presque horizontale, ce qui peut amener un dérangement, quand on en vient à donner les degrés, surtout sous les grands angles de tir, inconvénient qui n'existe pas avec la hausse latérale, qui donne à peu près simultanément à la pièce l'inclinaison et la direction convenables; en outre, lorsqu'on pointe trop obliquement par le cran de mire du bourlet, la ligne de mire est mal définie.

L'École de La Fère a également indiqué, mais sans en faire l'essai, l'usage d'un instrument analogue à la règle à pointer, pour suppléer à la hausse latérale.

## Pointage sur un but invisible.
### (Tir plongeant.)

Tous les procédés de pointage, lorsque le but est invisible, reposent évidemment sur un tracé exact de la direction du plan de tir dérivé. Si cette direction est mal tracée, c'est-à-dire si elle ne passe pas par un point situé latéralement à une distance du but égale à la dérivation moyenne, les coups seront défectueux, et les corrections que l'on sera amené à faire, donneront des idées inexactes sur la grandeur de la dérivation.

On doit conclure de là que, dans toutes les circonstances du tir plongeant, où le but sera invisible, on devra s'attacher, au moment de l'établissement de la plate-forme, à tracer, le plus exactement possible, la directrice qui convient à la distance du but et à l'angle sous lequel s'effectue le tir.

C'est ce que l'on a fait dans la plupart des Écoles, en se servant d'un blanc apparent placé à une distance convenable du but, pour déterminer, en arrière du heurtoir, une ligne exactement dirigée sur ce blanc.

Mais là aurait dû se borner l'usage de ce blanc, tandis que, dans quelques Écoles, on l'a maintenu en place pendant tout le temps du tir, et le pointage s'effectuait au fil à plomb, en dirigeant le plan de tir de la pièce, déterminé par les crans de mire de la culasse et du bourlet, sur le blanc correspondant, que le pointeur cherchait à apercevoir en s'élevant en arrière de la bouche à feu.

Ce système est doublement défectueux : par le mode de pointage, qui, en lui-même, comporte peu d'exactitude, et par l'emploi permanent d'un blanc, qui doit être interdit pour le tir pratique des Écoles.

Dans d'autres Écoles on se servait d'un blanc ou d'un jalon pour pointer le premier coup avec le fil à plomb; on observait alors dans le paysage un point de repère correspondant à sa direction, et le blanc arraché, on se servait du point ainsi observé pour pointer les coups suivants; mais, outre qu'un point remarquable ne se trouve pas toujours dans la direction voulue, ce point peut disparaître par une variation dans la lumière, et, dans tous les cas, les corrections sont très-incertaines, à cause de la difficulté qu'on éprouve à estimer un écart latéral.

Plusieurs capitaines de batteries ont basé leurs procédés de pointage sur l'établissement de plans de tir en cordages, avec fil à plomb, analogues au cordeau de pointage employé pour le mortier.

Une planchette graduée permettait de rectifier la direction du plan de tir dérivé, lorsque des erreurs consécutives dans le même sens pouvaient faire supposer que la direction primitive était inexacte.

Ce procédé de pointage est simple et pratique, mais il a l'inconvénient d'exiger un transport latéral de l'affût, pour remettre l'axe de la bouche à feu dans le plan de tir. Ce mouvement est peut-être plus difficile à exécuter pour les affûts de 12 sur plate-forme disposée pour le tir plongeant, que pour les affûts de mortier. — Afin de réduire au minimum les mouvements à imprimer à l'affût, quelques capitaines de batteries ont eu l'idée de rendre ce plan de tir mobile parallèlement à lui-même, de sorte que ce n'est plus la pièce qui va se placer dans le plan de tir, mais le plan de tir lui-même, qui vient se superposer à la pièce.

Deux châssis portent un chapeau horizontal gradué; deux fils à plomb, correspondant à deux divisions placées dans le plan de tir, sont suspendus aux chapeaux et déterminent ce plan; on les porte suivant que cela est nécessaire, pour limiter les mouvements de l'affût, d'un même nombre de divisions à gauche ou à droite, et le pointage peut s'achever par un simple coup de crosse à droite ou à gauche.

Cette méthode paraît devoir être recommandée. A la distance à laquelle on se trouve du but, le transport du plan de tir, parallèlement à lui-même, de quelques centimètres, ne saurait avoir aucune mauvaise influence sur les résultats du tir.

On a également utilisé, pour le pointage dans le tir plongeant, la méthode des points de repère fixes sur la plate-forme ou le heurtoir, employée pour le tir de nuit.

Ces moyens dispensent de l'emploi des fils à plomb, qui ont le grand inconvénient d'être trop mobiles, mais ils ne comportent qu'une justesse approchée, à cause du jeu indispensable des tourillons dans leurs encastrements et des moyeux sur l'essieu. Cependant les différences d'un coup à l'autre seront peu élevées, si l'on a la précaution de faire serrer, à chaque coup, l'épaulement de l'essieu contre le moyeu de la roue repérée.

Enfin, quelques officiers ont employé la hausse latérale, même dans les cas où le but était supposé invisible. On s'en servait pour placer la ligne de mire dans le plan de tir dérivé, déterminé sur le fond de l'embrasure, ou sur le parapet, par des fiches ou des cordeaux.

Cet usage de la hausse latérale ne paraît pas devoir comporter beaucoup d'exactitude, et on peut lui adresser les mêmes reproches qu'au pointage des mortiers avec les fiches.

## TIR A 45°.

### Pointage sur un but visible.

Si l'on emploie, dans le pointage sur un but visible, la hausse latérale, il faut que la ligne de mire artificielle, qu'elle détermine, ne s'élève pas au-dessus de la tangente commune au guidon et à l'embase du tourillon sur laquelle il repose. Cette condition limite la hauteur que l'on peut donner à la hausse latérale et s'oppose à ce qu'elle puisse être employée au pointage à 45°.

D'un autre côté, si l'on voulait corriger la dérivation sous cet angle de tir par le tirage à gauche du croisillon mobile de la hausse, la ligne de mire pourrait être arrêtée par le flasque droit. Il ne semble donc pas que la hausse latérale, même modifiée, puisse être utilisée pour le pointage à 45°.

Il n'en est pas de même de l'instrument que l'on a décrit sous le nom de *règle à pointer*, et qui a été employé par l'École de Metz pour le tir à 45°, comme pour le tir plongeant, *sur un but visible*.

### Pointage à 45° sur un but visible ou invisible.

Les procédés usités pour le pointage des mortiers et que l'on vient de décrire pour le pointage sur un but invisible dans le tir plongeant, sont ceux qui ont été le plus fréquemment employés pour le pointage à 45°, sur un but visible ou invisible.

Les Écoles qui ont cherché à placer la pièce dans un plan de tir dérivé artificiel, en se guidant sur la ligne de mire naturelle, ont émis le vœu que la trace du plan de tir, passant par les crans de mire, soit figurée sur la surface supérieure des canons, comme cela a lieu pour les mortiers.

Cette disposition, qui faciliterait le pointage, ne paraît pas avoir d'inconvénient.

En appropriant le mode de pointage des mortiers au pointage à 45° des pièces de 12, plusieurs Écoles ont cherché à supprimer l'emploi du fil à plomb, dont il n'est pas nécessaire de rappeler les inconvénients.

Pour y arriver, les batteries du 2ᵉ régiment, détachées à Metz, ont employé un procédé qui consiste à planter, en arrière de la plate-forme et dans l'alignement du plan de tir, un piquet portant vers ses deux extrémités deux crochets. Les extrémités d'un cordeau sont fixées à ces crochets, et en tendant les brins en arrière et les appuyant sur une planchette graduée, portée par un second piquet, on détermine un triangle situé dans le plan de tir dérivé, et dans lequel on cherche à amener la ligne de mire naturelle.

La difficulté d'apprécier exactement la position de cette ligne a fait préférer à quelques Écoles l'emploi de la ligne de mire latérale, déterminée par le sommet du guidon et par le point culminant du croisillon de la hausse.

L'École d'Auxonne, par exemple, a mis en pratique le procédé suivant :

Sur la face du heurtoir qui regarde le terre-plein, elle a tracé une ligne verticale, que la roue gauche devait affleurer toutes les fois que la pièce était en batterie. Un cordeau de pointage était fixé au guidon latéral par une de ses extrémités, et l'autre extrémité, portant un poids, venait passer sur une règle graduée, portée par un piquet enfoncé en arrière à une hauteur telle que le cordeau tendu vînt affleurer le point culminant du croisillon de la hausse.

On conçoit qu'il était facile par un premier pointage, exécuté par les procédés ordinaires, de déterminer, une fois pour toutes, sur la planchette graduée, quelle était la division qui convenait à une distance du but et à un angle de tir donnés, pour une position constante de la roue gauche.

Les corrections à la dérivation pouvaient se faire en portant le cordeau d'une ou plusieurs divisions à droite ou à gauche de la division médiane, et lorsque la division était bien fixée, le pointage consistait uniquement à faire affleurer le sommet du croisillon avec le cordeau tendu au-dessus de lui.

Ce procédé paraît assez simple; il dispense de l'emploi du fil à plomb et n'exige, de la part du pointeur, aucune habileté particulière, puisque le pointage se fait, pour ainsi dire, mécaniquement. Mais il repose sur la supposition que le guidon latéral peut être considéré comme un point fixe dans les mises en batterie, à la seule condition que la roue gauche vienne occuper la même position.

Cette hypothèse n'est évidemment pas tout à fait exacte, cependant M. le capitaine d'Outremont, qui a proposé et expérimenté ce procédé pendant plusieurs écoles, affirme que les erreurs sont négligeables dans la plupart des cas et ne peuvent pas s'élever à plus de 4 ou 5 mètres à la distance de 1,200 mètres. S'il en était ainsi, ces erreurs ne s'élèveraient pas au-dessus de celles que peuvent donner les autres procédés de pointage, et en raison de sa simplicité, celui qui est proposé par M. le capitaine d'Outremont, pourrait être communiqué à toutes les Écoles.

Il est applicable au tir à 45° comme à tous les angles de tir plongeant.

En résumé, toutes les fois que le but est visible, et que l'angle de tir ne dépasse pas 24°, le pointage doit s'effectuer de préférence avec la hausse latérale *modifiée*, ou la règle à pointer, proposée par l'École de Metz.

Pour le tir à 45°, si le but est visible, on peut essayer l'emploi de la règle à pointer.

Quand le but est invisible, quel que soit l'angle de tir, il faut employer un mode de pointage analogue au procédé usité pour le pointage des mortiers, c'est-à-dire former avec des cordeaux un plan de pointage, qui représente le plan de tir dérivé, et placer dans ce plan artificiel la ligne de mire naturelle ou latérale de la bouche à feu.

Il est préférable de disposer ce plan de tir, de manière à ce qu'il puisse se transporter parallèlement à lui-même, afin d'éviter le plus possible les déplacements latéraux de la pièce.

Quel que soit le procédé employé, la condition essentielle est de déterminer d'abord, avec le plus grand soin, la direction du plan de tir dérivé, et celle-ci une fois obtenue, de ne la modifier qu'avec une extrême réserve et après un assez grand nombre de coups défectueux dans le même sens, pour qu'on soit assuré que l'irrégularité observée est en dehors des écarts latéraux possibles.

L'usage des blancs ne doit être toléré que pour tracer la directrice des plates-formes; ils doivent être enlevés pendant le feu.

## Résultats du tir.

Le tir à 45° des canons de 12, rayés, de campagne, n'avait pas été expérimenté dans les études de 1861. Le tir des mêmes bouches à feu n'avait pas eu lieu, non plus, sous les angles de tir plongeant, aux distances de 300, 500, 700 mètres, etc., exprimées par un nombre impair de centaines de mètres.

Les tables de tir, établies d'après les expériences de 1861, ne contiennent par conséquent aucun document sur le tir des canons de 12, rayés, de campagne, exécuté dans les circonstances qu'on vient d'indiquer, et le tir des Écoles, en 1862, ne peut pas servir à combler complétement cette lacune, par les motifs suivants :

1° Inexpérience des cadres qui prenaient part, pour la première fois, en 1862, à ce genre de tir;

2° Petit nombre de coups tirés à certaines distances;

3° Enfin, des douze Écoles qui ont envoyé, conformément à l'article 13 du programme du 4 août 1862, des tableaux résumant les résultats du tir, cinq ont totalisé, par distance et par angle, le nombre d'affûts touchés et le nombre de coups ayant atteint le terreplein, sans distinguer les résultats fournis par les pièces de 12 de siége de ceux qu'elles avaient obtenus avec les pièces de 12 de campagne.

On a cherché néanmoins à tirer parti, de la manière la plus complète possible, des documents envoyés par les Écoles sur les résultats du tir plongeant et à 45°, exécuté en 1862, et l'on a résumé ces résultats dans quatre tableaux, dont deux pour le tir plongeant et deux pour le tir à 45°.

## Tableau n° 1.

Le tableau n° 1 est relatif au tir plongeant; il présente neuf colonnes doubles pour le 12 de siége et le 12 de campagne, et fournit, pour chaque distance et chaque angle de tir, les indications suivantes :

La colonne 1, le nombre des coups tirés;

La colonne 2, la portée moyenne de la poudre au mortier-éprouvette;

La colonne 3, les charges extraites des tables;

La colonne 4, les charges moyennes adoptées;

La colonne 5, les différences entre les charges des tables et les charges adoptées;

La colonne 6, les dérivations extraites des tables;

La colonne 7, les dérivations moyennes obtenues;

La colonne 8, le pour cent des coups dans le terre-plein;

La colonne 9, le pour cent des affûts touchés.

Les sept premières colonnes résument les renseignements fournis par les douze Écoles qui ont pris part au tir de 1862; les colonnes 8 et 9 ne se rapportent qu'au tir des sept Écoles qui ont distingué les résultats fournis par les pièces de 12 de siége et les pièces de 12 de campagne.

## Charges.

La première observation qui frappe à l'examen de ce tableau, c'est la différence notable et toujours dans le même sens, qui existe entre les charges adoptées en 1862 et les charges déduites des expériences de 1861, pour le 12 rayé de siége et le 12 rayé de campagne.

La colonne 5, qui donne les différences entre ces charges, montre, en effet, que les charges adoptées en 1862 sont constamment supérieures aux charges de 1861, sauf une seule exception, fournie par le tir sous l'angle de 24° à la distance de 1,000 mètres.

Les deux pièces de siége et les deux pièces de campagne qui ont exécuté ce tir dans une seule École, et à raison de 6 coups par pièce seulement, avaient tiré environ 206 coups chacune, et on ne peut voir, dans cette exception unique, qu'une anomalie qui ne peut affaiblir l'observation d'un fait qui s'est reproduit 49 fois pour tous les angles de tir plongeant et à toutes les distances, de 300 à 1,400 mètres.

Cette différence entre les charges s'est élevée quelquefois jusqu'au ¼ et a été rarement au-dessous du ¹⁄₂₀ de la charge des tables, mais elle a été extrêmement variable entre ces limites et il ne paraît pas possible de la relier par une loi quelconque aux formules empiriques:

$$Cs = 7,5 \frac{P + 100}{A + 10}; \quad Cr = \frac{10\,P}{2\,A + 9} + 20,$$

qui, d'après le chapitre 3 du compte rendu des expériences de 1861, donnent, avec une approximation suffisante, les charges en fonction des portées et des angles de tir.

Mais, si la loi des augmentations de charges, constatées pendant le tir de 1862, ne peut pas être exprimée simplement, il est plus facile d'en indiquer les causes probables, qui doivent tenir, d'une part, à ce fait que les circonstances atmosphériques ont été assez souvent défavorables pendant les écoles de tir plongeant, et de l'autre à ce que les pièces rayées perdent assez rapidement de leur portée par l'effet même du tir, surtout lorsqu'on en fait disparaître l'encrassement par des lavages fréquents, comme cela a eu lieu en 1862.

Il importe de remarquer, d'ailleurs, que la portée moyenne de la poudre au mortier-éprouvette a été de 229$^m$,5 pour les expériences de 1862, tandis qu'en 1361 elle était de 225 mètres pour le tir du canon de siége, et de 230 mètres pour le tir du canon de campagne. Ce ne peut donc être à une diminution dans la portée de la poudre employée qu'on peut attribuer l'augmentation des charges signalée plus haut.

Quoi qu'il en soit, il sera nécessaire de tenir compte de ce fait pendant les écoles de 1863, et il est à désirer que par l'observation exacte des portées on puisse déterminer avec rigueur les charges qui leur correspondent.

Il sera peut-être possible, en multipliant les observations, de saisir plus complétement la loi qui lie les augmentations des charges avec l'usure des bouches à feu et les autres circonstances du tir, et d'arriver à modifier les formules de 1861, qui ne paraissent pas exprimer très-exactement les charges en fonction des portées et des angles de tir, au moins dans les circonstances dans lesquelles le tir des écoles a eu lieu.

On avait pu remarquer, comme conséquence des expériences de 1861, que les charges du canon de siége étaient généralement plus fortes que les charges du canon de campagne, pour la même distance et le même angle de tir. Ce fait, qui pouvait tenir à ce que la portée moyenne de la poudre au mortier-éprouvette était supérieure pour le tir du canon de campagne, ne s'est pas reproduit dans le tir de 1862.

Les différences entre les charges, correspondant, pour les deux pièces, au même angle de tir et à la même portée, sont tantôt dans un sens et tantôt dans l'autre. Elles sont souvent très-faibles, quelquefois nulles, et on pourrait presque conclure que, dans des circonstances identiques, les deux espèces de pièces donnent la même portée avec la même charge.

## Dérivations.

Les colonnes 6 et 7 du tableau n° 1 permettent de comparer, pour chaque angle de tir et pour chaque distance, les dérivations extraites des tables et celles qui ont été obtenues pendant les écoles de 1862, pour les canons de 12, rayés, de siége et de campagne.

Il ressort de cette comparaison que les dérivations obtenues en 1862 se rapprochent sensiblement de celles des tables, qu'elles en diffèrent, tantôt en plus, tantôt en moins, sans que les différences excèdent jamais les variations journalières que peut subir la dérivation dans la pratique, et que la formule :

$$D = 0,0015. \; P. \; A.$$

indiquée par le compte rendu des expériences de 1861, comme fournissant une relation suffisamment exacte entre les dérivations, les angles de tir et les portées, *au delà de 400 mètres*, a reçu une nouvelle confirmation des expériences de 1862.

Les dérivations des pièces de 12 de siége et de campagne sont sensiblement les mêmes.

## Nombre de coups dans le terre-plein.

La colonne 8 du tableau n° 1 indique, pour chaque angle de tir et pour chaque distance, le nombre de coups pour cent, mis dans le terre-plein, soit avec les pièces de siége, soit avec les pièces de campagne.

Ces résultats, comme on l'a fait remarquer plus haut, ne se rapportent qu'au tir de sept Écoles sur douze, et plusieurs d'entre eux n'ont été obtenus que par le tir d'un très-petit nombre de coups; aussi présentent-ils individuellement des anomalies nombreuses.

Mais si l'on additionne, pour chaque distance, le nombre de coups mis dans le terre-plein aux différents angles de tir plongeant, on obtient des résultats qui donneront une idée approchée de la justesse relative de tir des canons de siége et de campagne pendant les écoles de 1862, et qu'il sera possible de comparer aux résultats analogues fournis par le rapport sur le tir plongeant de 1861.

Le tableau suivant donne les éléments de cette comparaison.

| | Nombre de coups sur 100, mis dans le terre-plein, aux distances de | | | | | | TOTAUX | Pour cent. |
|---|---|---|---|---|---|---|---|---|
| | 400. | 600. | 800. | 1,000. | 1,200. | 1,400. | | |
| Canon de siége 1861. . | 94 | 69 | 70 | 57 | 47 | 39 | 376 | 63 |
| — 1862. . | 32 | 24 | 40 | 28 | 11 | » | 135 | 23 |
| Canon de camp. 1861. . | 98 | 85 | 66 | 45 | 51 | 43 | 388 | 65 |
| — 1862. . | 25 | 31 | 20 | 22 | 7 | 2 | 107 | 18 |

Il résulte de ce tableau :

1° Que la justesse du tir plongeant, en 1862, si on l'évalue par le nombre de coups mis dans le terre-plein par sept Écoles à chaque distance, a été à peine le $\frac{1}{3}$ de celle qu'on avait obtenue en 1861 ;

2° Que le rapport des justesses relatives des pièces de siége et de campagne, qui était $\frac{63}{65}$ en 1861, est, en 1862, $\frac{23}{18}$, c'est-à-dire que les pièces de campagne, qui, en 1861, avaient obtenu une justesse au moins égale à celle des pièces de siége, ont été, en 1862, notablement inférieures à celles-ci.

Il n'y a pas trop lieu de s'étonner du premier de ces résultats, que l'on pouvait à peu près prévoir d'avance et qu'il faut attribuer en partie à l'inexpérience des cadres qui prenaient part, pour la première fois, en 1862, à ce genre de tir, et, il est probable qu'à mesure qu'ils se familiariseront dans les écoles avec le tir plongeant, les résultats s'amélioreront.

L'on doit remarquer aussi qu'en 1862 l'on ne tirait que 6 coups de suite, sous chaque angle ou à chaque distance, tandis qu'en 1861, le nombre de coups tirés dans les mêmes conditions s'élevait à 15, ce qui rendait les corrections plus faciles.

Quoi qu'il en soit, on ne doit pas espérer obtenir, dans un tir d'école, une justesse comparable à celle qu'obtiennent les commissions d'expériences, et en passant du tir d'école au tir de guerre, on doit s'attendre à voir la justesse du tir plongeant subir encore une réduction notable.

## Nombre d'affûts touchés.

La colonne 9 du tableau n° 1 indique, pour chaque angle de tir et chaque distance, le nombre d'affûts touchés pour cent coups tirés.

On y remarque les mêmes anomalies que dans la colonne relative au nombre de coups dans le terre-plein, et ces anomalies ont les mêmes causes.

En comparant, comme on l'a fait pour le nombre de coups dans le terre-plein, le nombre d'affûts touchés en 1861 et en 1862, pour cent coups tirés, on obtient le tableau suivant.

**Nombre d'affûts touchés, pour 100 coups tirés, à chaque distance de tir.**

| DISTANCES. | 300. | 400. | 500. | 600. | 800. | 1,000. | 1,200. | 1,400. | TOTAUX | Pour cent. |
|---|---|---|---|---|---|---|---|---|---|---|
| Can. de siége 1861 | 8.9 | 8.6 | 7.7 | 7.3 | 3.9 | 3.7 | » | » | 40.1 | 6.7 |
| —         1862 | 7.5 | 9.1 | 8.0 | 3.6 | 5.3 | 4.3 | » | » | 37.8 | 6.3 |
| Can. de camp. 1861 | » | 15.0 | » | 11.0 | 7.0 | 12.0 | 1.0 | 4.0 | 50.0 | 8.3 |
| —         1862 | » | 5.8 | » | 4.4 | 4.8 | 0.8 | 1.8 | 2.1 | 19.7 | 3.3 |

Il résulte de ce tableau que le nombre d'affûts touchés, pour cent coups tirés avec le canon de 12 de siége, a été à peu près le même en 1862 qu'en 1861, et égal à un peu plus de 6 p. 100 pour des distances variant entre 300 et 1,000 mètres.

Pour le canon de 12 de campagne, le nombre d'affûts touchés, qui était de 8.3 p. 100 en 1861, n'est plus que de 3.3 p. 100 en 1862, pour des distances comprises entre 400 et 1,400 mètres. Mais, si l'on remarque qu'en 1862 le nombre de coups, pour cent, mis dans le terre-plein, était à peu près le $\frac{1}{3}$ du nombre correspondant en 1861, il en résulte que le nombre d'affûts touchés proportionnellement au nombre de coups mis dans le plein-terre, a été plus élevé en 1862 qu'en 1861.

Quant à la justesse relative des pièces de 12 de siége et de campagne, elle a été sensiblement moindre pour les pièces de campagne en 1862; le contraire avait eu lieu en 1861.

## Tableau n° 2.

Afin de tenir compte du résultat du tir dans toutes les Écoles, ce qu'on n'a pas pu faire dans le tableau n° 1, pour le motif exposé plus haut, on a réuni dans le tableau n° 2 les résultats obtenus, sans distinction, des pièces de 12 de siége et de campagne, pour chaque angle et chaque distance de tir de 300 à 1,400 mètres.

On peut apprécier ainsi les résultats généraux du tir de 5,352 coups de canon, ayant donné 1,641 coups dans le terre-plein, soit 30.6 p. 100 et touché 322 affûts, soit 6 p. 100.

En 1861, pour 6,000 coups de canon tirés sous les différents angles du tir plongeant, à des distances croissant de 200 à 1,400 mètres, on avait eu 3,818 coups dans le terre-plein, soit 63.6 p. 100, et le nombre d'affûts touchés avait été d'environ 10 p. 100.

Cette comparaison confirme les conséquences qu'on avait pu tirer de l'examen des résultats du tableau n° 1, et elle est très-propre à donner une idée exacte des justesses relatives en 1861 et en 1862, puisqu'elle s'appuie sur un nombre de coups considérable. Elle montre que le nombre de coups dans le terre-plein a subi, en 1862, une diminution de plus de moitié et que cette diminution a été moindre pour le nombre d'affûts touchés.

Le rapport sur les expériences de 1861 a indiqué l'angle de 16° comme celui qui donnait le meilleur tir, et après lui, les angles de 12° et de 20°, tandis que les angles de 8° et de 24° avaient une infériorité très-marquée.

Les expériences de 1862 fournissent, en totalisant les résultats obtenus pour chaque angle de tir, le tableau qui suit.

| Angle de tir. | Nombre de coups tirés. | Coups dans le terre-plein. | Pour cent. | Affûts touchés. | Pour cent. |
|---|---|---|---|---|---|
| 8° | 288 | 67 | 23.0 | 20 | 7.0 |
| 12° | 1,188 | 339 | 28.5 | 71 | 6.0 |
| 16° | 1,746 | 580 | 33.0 | 117 | 6.7 |
| 20° | 1,554 | 464 | 30.0 | 89 | 5.7 |
| 24° | 576 | 191 | 33.0 | 25 | 4.3 |
| Totaux. | 5,352 | 1,641 | | 322 | |

De ce tableau il résulte que les angles de 12°, 16° et 20°, sont en effet ceux qui fournissent le meilleur tir, sans qu'il y ait entre eux de différence bien sensible, et sans que leur supériorité sur les angles de 8° et de 24° soit très-marquée.

## Tableau n° 3.

Le tableau n° 3 fournit sur le tir à 45° les mêmes renseignements que le tableau n° 1, relatif au tir plongeant.

La colonne 5, qui donne les différences entre les charges extraites des tables et les charges adoptées en 1862, fait reconnaître que de même que pour le tir plongeant, les charges du canon de 12 de siége, pour le tir à 45°, sont constamment plus fortes en 1862 qu'en 1861.

Les différences, sauf deux exceptions, varient du $\frac{1}{6}$ au $\frac{1}{17}$ de la charge des tables, et la formule

$$C = 0{,}19^g \, (P + 100)$$

indiquée dans le compte rendu de 1861, fournit des charges notablement trop faibles.

Quant aux charges du canon de 12 de campagne, le point de comparaison manque, attendu que le tir à 45° de cette pièce n'a pas été exécuté en 1861 ; mais si l'on compare les charges adoptées en 1862 pour le tir des deux pièces à 45°, on reconnaît que les charges du canon de campagne sont habituellement plus fortes que les charges correspondantes du 12 de siége, ce qui n'avait pas lieu d'une manière aussi générale pour le tir plongeant.

Cependant, les différences ne sont pas très-fortes et une formule unique

$$C = 0{,}215^g \, (P + 100)$$

analogue à celle qui avait été indiquée en 1861, paraît donner, avec une approximation suffisante, les charges de l'une et de l'autre pièce, en fonction des portées, comme l'indique le tableau suivant.

| Distances de tir sous l'angle de 45°. | Charges moyennes adoptées en 1862. | | Charges extraites de la formule : $C = 0,215 \, (P + 100)$. |
|---|---|---|---|
| | Siége. | Campagne. | |
| 500 | 129 | 132 | 129 |
| 600 | 145 | 146 | 150 |
| 700 | 160 | 178 | 172 |
| 800 | 185 | 186 | 193 |
| 900 | 202 | 229 | 215 |
| 1,000 | 227 | 236 | 236 |
| 1,100 | 251 | 256 | 258 |
| 1,200 | 276 | 284 | 280 |
| 1,300 | 290 | 293 | 301 |
| 1,400 | 324 | 310 | 322 |

Cette formule pourra servir de base à l'établissement des charges entre les distances de 500 à 1,400 mètres, et éviter les premiers tâtonnements, surtout pour la pièce de campagne, dont les charges, pour l'angle de 45°, ne sont pas indiquées dans les tables de tir de 1861.

## Dérivations.

Les colonnes 6 et 7 du tableau n° 3 permettent de comparer les dérivations des tables à celles qui ont été obtenues, en 1862, pour le canon de siége, et l'on reconnaît immédiatement que les différences sont insignifiantes jusqu'à 1,600 mètres, et que, par conséquent, dans ces limites, la formule

$$D = \frac{P}{20} + \left(\frac{P}{200}\right)^2$$

indiquée par le compte rendu des expériences de 1861, ne doit pas subir de modifications.

On se souvient que la même remarque a pu être faite pour les dérivations obtenues dans le tir plongeant, d'où l'on doit conclure que les dérivations sont beaucoup moins influencées que les charges dans les circonstances qui ont nécessité l'augmentation de celles-ci.

Les dérivations du canon de campagne sont jusqu'à 1,600 mètres presque identiques à celles du canon de siége et rentrent, comme celles-ci, dans la même formule. Mais pour la distance de 2,000 mètres, les dérivations des deux pièces présentent sur les dérivations des tables une augmentation sensible et diffèrent notablement entre elles.

Ainsi, les tables indiquent, à 2,000 mètres, 166 mètres de dérivation, tandis que dans le tir des Écoles cette dérivation a été de 232 mètres pour le canon de siége et de 270 mètres pour le canon de campagne.

24 coups seulement ont, il est vrai, été tirés à cette distance et par une seule École, et un nombre aussi restreint ne suffit pas pour fixer les idées à cet égard.

La distance de 2,000 mètres est une de celles auxquelles correspond un maximum de pénétration, et il y aura intérêt à s'assurer, par une étude particulière du tir à cette distance, que les dérivations excessives obtenues en 1862 ne sont pas une anomalie.

### Nombre de coups dans le terre-plein. — Nombre d'affûts touchés.

Les colonnes 8 et 9 du tableau n° 3 donnent, pour chaque distance, le nombre de coups dans le terre-plein et le nombre d'affûts touchés pour cent coups tirés avec les pièces de 12 de siége et de campagne.

Comme on l'a déjà fait remarquer, les éléments de la comparaison entre les deux espèces de pièces ne sont pas assez nombreux pour qu'ils puissent avoir individuellement une signification bien nette; mais, si l'on totalise les résultats obtenus à chaque distance de tir, on obtient les nombres suivants, qui peuvent, jusqu'à un certain point, donner une idée de la justesse respective des deux espèces de pièces.

*Pour cent coups tirés :*

**Nombre de coups dans le terre-plein.**

Siége, 12.3 p. 100. — Campagne, 17.1 p. 100.

**Nombre d'affûts touchés.**

Siége, 0.46 p. 100. — Campagne, 1.1 p. 100.

Il résulte de cette comparaison que les pièces de 12 de campagne ont eu dans le tir à 45°, en 1862, une justesse notablement plus grande que les pièces de 12 de siége.

Il n'en est pas ainsi, comme on l'a montré plus haut, pour le tir plongeant, dans lequel les pièces de siége ont obtenu de meilleurs résultats que les pièces de campagne.

## Tableau n° 4.

Le tableau n° 4, dans lequel on a réuni les résultats obtenus dans toutes les Écoles avec les pièces de 12 de siége et de campagne, pour des distances de 500 à 2,000 mètres, permet d'apprécier la justesse du tir à 45° par les effets de 1,656 coups de canon ayant mis 337 projectiles dans le terre-plein, soit 20.3 p. 100 et ayant touché 20 affûts, soit 1.2 p. 100.

En examinant ce tableau, on voit que la justesse de ce tir au delà de 1,100 mètres décroît très-rapidement et que dans les limites où elle paraît la plus grande, c'est-à-dire de 500 à 1,100 mètres, elle est notablement au-dessous de la justesse obtenue avec le tir plongeant sous les différents angles.

C'est ce qui ressort évidemment du résumé suivant :

### Tir à 45°.

De 500 à 1,100 mèt., nombre de coups dans le terre-plein 22.4 p. 100.
—         nombre d'affûts touchés . . . . . . 1.4    »
De 1,200 à 2,000 mèt., nombre de coups dans le terre-plein 7.0    »
—         nombre d'affûts touchés . . . . . . 0.0    »

### Tir plongeant.

De 500 à 1,100 mèt., nombre de coups dans le terre-plein 32.0 p. 100.
—         nombre d'affûts touchés . . . . . . 6.0    »

Il suit de là que le tir à 45° doit être considéré comme un tir tout à fait exceptionnel, réservé uniquement aux cas où l'on cherchera, en sacrifiant une portion de la justesse, à obtenir des effets puissants d'écrasement ; mais que, lorsqu'il s'agira uniquement de détruire du matériel derrière des parapets, le tir plongeant sous les angles de 12° à 24° devra être préféré avec d'autant plus de raison, qu'il n'a pas, comme le tir à 45°, l'inconvénient d'exiger des plates-formes d'une exécution longue et souvent difficile dans certaines natures de sol.

On aurait voulu comparer, comme on l'a fait pour le tir plongeant, les résultats du tir à 45° des Écoles en 1862 à ceux qui avaient été obtenus en 1861. Mais cette comparaison est impossible pour le canon de campagne, puisque cette pièce n'a pas été tirée en 1861 sous l'angle de 45°.

Quant à la pièce de 12 de siége, on sait qu'elle avait été tirée en 1861, comparativement avec les mortiers de 22° et de 32°.

Cette étude n'a pas été poursuivie en 1862, et les pièces n'ayant pas tiré dans des conditions identiques, il n'est pas possible de comparer leur justesse. Toutefois, en combinant les données de l'Aide-mémoire sur la probabilité du tir des mortiers avec celles qui sont fournies par les tables de tir de 1861, on a pu présenter dans le tableau qui suit, le nombre de coups pour cent, mis dans le terreplein de 55 sur 8 mètres, avec les pièces de 12, de siége et de réserve, et les mortiers de 22°, pour les distances de tir de 600, 800, 1,000, 1,200 et 1,400 mètres.

| Distances de tir. | Pour cent dans le terre-plein. | |
| --- | --- | --- |
| | Pièces de 12. | Mortier de 22°. |
| 600ᵐ | 32.0 | 7.6 |
| 800 | 21.0 | 6.0 |
| 1,000 | 15.0 | 3.8 |
| 1,200 | 3.3 | 2.7 |
| 1,400 | 8.3 | 1.8 |

Il ressort de ce tableau que les pièces de 12 tirées en bombe ont conservé sur le tir des mortiers de 22° une supériorité de justesse très-grande.

## Effet du tir sur le matériel.

Dans l'une des Écoles, celle de Besançon, on a voulu que les expériences servissent à donner une idée approximative des effets destructeurs du tir plongeant sur le matériel de l'artillerie.

Pour cela, les trois premiers affûts en voliges placés sur le terreplein, pour servir de but, ont reçu pour roue droite une roue réelle n° 2.

Le quatrième affût était un affût Gribeauval réformé.

Les résultats intéressants obtenus dans cette École ont confirmé les études analogues qui avaient été faites pendant les expériences de 1861. Ils prouvent qu'à 500 mètres les projectiles oblongs de 12 ont déjà toute la puissance nécessaire pour briser et mettre hors de service les affûts après un assez petit nombre de coups, et si l'on joint à ces effets ceux que ne manqueraient pas de produire contre les hommes les éclats de ces projectiles, armés de fusées percutantes, et le tir de quelques obus à balles, on acquerra la conviction qu'une face d'ouvrage tiendrait difficilement contre le tir plongeant d'une batterie de 12 rayé, tirant d'enfilade.

NOTA. On trouvera à la suite des tableaux relatifs au tir plongeant et au tir à 45°, un tableau donnant les résultats moyens obtenus par les Écoles de Metz, La Fère et Valence, pour le tir du canon de 12, rayé, *de siége,* sous l'angle de 35° et aux distances de 200, 400, 600, 800, 1,000 et 1,200 mètres.

# TABLEAUX

### DES RÉSULTATS MOYENS

## OBTENUS DANS LE TIR PLONGEANT ET DANS LE TIR A 35° ET A 45°

### DES CANONS DE 12, RAYÉS, DE SIÉGE ET DE CAMPAGNE,

#### PENDANT LES ÉCOLES DE 1862.

## TIR PLONGEANT. — TABLEAU N° 1.

| DISTANCES et ANGLES DE TIR | NOMBRE de coups tirés (1) | | PORTÉE moyenne de la poudre au mortier-éprouvette (2) | | CHARGES des tables (3) | | CHARGES moyennes adoptées (4) | | DIFFÉRENCES entre les charges des tables et les charges adoptées en 1862 (5) | |
|---|---|---|---|---|---|---|---|---|---|---|
| | Siège | Camp. | Siège | Camp. | Siège | Camp. | Siège | Camp. | Siège | Camp. |
| 300 mètres — 8° | 60 | 60 | 220 | » | 179 | » | 193 | 178 | 14 | » |
| 12° | 108 | 108 | 228 | » | 135 | » | 153 | 153 | 18 | » |
| 16° | 108 | 108 | 226 | » | 114 | » | 132 | 136 | 18 | » |
| 20° | 84 | 84 | 226 | » | 100 | » | 118 | 115 | 18 | » |
| 24° | 24 | 24 | 234 | » | 92 | » | 111 | 103 | 19 | » |
| 400 mètres — 8° | 36 | 36 | 228 | » | 226 | 217 | 240 | 233 | 14 | 16 |
| 12° | 108 | 108 | 226 | » | 170 | 160 | 191 | 183 | 21 | 23 |
| 16° | 156 | 156 | 227 | » | 142 | 140 | 161 | 160 | 19 | 20 |
| 20° | 132 | 132 | 225 | » | 124 | 117 | 140 | 140 | 16 | 23 |
| 24° | 60 | 60 | 222 | » | 111 | 107 | 129 | 133 | 15 | 26 |
| 500 mètres — 8° | 12 | 12 | 219 | » | 273 | » | 276 | 279 | 5 | » |
| 12° | 66 | 96 | 226 | » | 205 | » | 218 | 229 | 13 | » |
| 16° | 72 | 96 | 222 | » | 170 | » | 186 | 194 | 16 | » |
| 20° | 66 | 96 | 226 | » | 148 | » | 163 | 167 | 15 | » |
| 24° | 12 | 12 | 214 | » | 136 | » | 153 | 158 | 17 | » |
| 600 mètres — 8° | 12 | 12 | 222 | » | 320 | 315 | 333 | 310 | 13 | 25 |
| 12° | 12 | 18 | 238 | » | 240 | 233 | 265 | 256 | 25 | 23 |
| 16° | 126 | 132 | 233 | » | 198 | 195 | 214 | 223 | 16 | 28 |
| 20° | 96 | 96 | 230 | » | 172 | 169 | 197 | 189 | 25 | 20 |
| 24° | 60 | 60 | 228 | » | 158 | 158 | 176 | 178 | 18 | 20 |
| 700 mètres — 8° | 12 | 12 | 238 | » | 367 | » | 408 | 391 | 41 | » |
| 12° | 78 | 84 | 230 | » | 275 | » | 295 | 305 | 20 | » |
| 16° | 54 | 60 | 229 | » | 226 | » | 211 | 262 | 18 | » |
| 20° | 60 | 60 | 227 | » | 196 | » | 214 | 212 | 15 | » |
| 24° | 24 | 24 | 216 | » | 180 | » | 195 | 199 | 15 | » |

| DISTANCES et ANGLES DE TIR | DÉRIVATIONS des tables (6) | | DÉRIVATIONS moyennes obtenues (7) | | NOMBRE de coups pour cent dans le terre-plein (8) | | NOMBRE pour cent d'affûts touchés (9) | | OBSERVATIONS |
|---|---|---|---|---|---|---|---|---|---|
| | Siège | Camp. | Siège | Camp. | Siège | Camp. | Siège | Camp. | |
| 300 mètres — 8° | 2.60 | » | 2.19 | 3.15 | 8.33 | 50.00 | » | 16.66 | Les charges et dérivations moyennes indiquées dans les colonnes 4 et 7 de ce tableau représentent les résultats du tir de toutes les Écoles qui ont pris part aux exercices du tir plongeant en 1862. |
| 12° | 3.62 | » | 3.29 | 4.52 | 47.91 | 31.25 | 12.50 | 4.16 | |
| 16° | 4.66 | » | 4.08 | 6.42 | 51.17 | 45.83 | 18.75 | 6.25 | |
| 20° | 5.75 | » | 6.08 | 6.87 | 50.00 | 45.83 | 8.33 | 12.50 | |
| 24° | 6.58 | » | 8.80 | 9.38 | 8.33 | 11.75 | » | 8.33 | |
| Moyennes | | | | | 33.7 | 42.9 | 7.5 | 9.6 | |
| 400 mètres — 8° | 4.08 | 5.00 | 1.77 | 6.56 | 16.66 | 20.83 | 1.16 | 8.33 | 5 Écoles sur 12 n'ayant pas distingué, dans les tableaux généraux fournis par elles, les résultats obtenus avec les pièces de 12 du siège et de 12 de campagne, les colonnes 8 et 9 ne se rapportent qu'au tir des autres Écoles, donc elles fournissent les résultats moyens. |
| 12° | 5.64 | 8.20 | 5.59 | 7.19 | 29.16 | 22.92 | 6.25 | 4.17 | |
| 16° | 7.48 | 10.65 | 8.10 | 8.72 | 11.66 | 29.16 | 2.08 | 8.33 | |
| 20° | 9.10 | 12.15 | 10.32 | 11.16 | 50.00 | 45.83 | 33.33 | 8.33 | |
| 24° | 10.86 | 15.20 | 11.82 | 10.68 | 25.00 | 8.33 | » | » | |
| Moyennes | | | | | 32.5 | 25.4 | 9.1 | 5.8 | |
| 500 mètres — 8° | 5.56 | » | 5.28 | 5.48 | 33.33 | 25.00 | 8.33 | 16.66 | Les exercices de tir ayant eu lieu concurremment avec les pièces de 12 de siège et les pièces de 12 de campagne, la portée moyenne de la poudre au mortier-éprouvette était la même pour les unes et les autres, et il a suffi de l'indiquer pour les pièces de siège. La portée moyenne de la poudre au mortier-éprouvette a été de 225m,5. Pour les expériences de 1861, elle était de 225m pour le tir du canon de siège, et de 230 pour le tir du canon de campagne. |
| 12° | 7.68 | » | 8.29 | 8.66 | 42.85 | 30.55 | 11.90 | 9.72 | |
| 16° | 10.30 | » | 10.69 | 11.16 | 41.66 | 30.55 | 8.83 | 12.50 | |
| 20° | 13.05 | » | 16.65 | 14.42 | 20.66 | 25.00 | 3.33 | 1.66 | |
| 24° | 15.11 | » | 19.85 | 20.82 | 50.00 | 58.33 | 8.33 | » | |
| Moyennes | | | | | 37.7 | 33.9 | 8.0 | 5.1 | |
| 600 mètres — 8° | 7.01 | 7.85 | 7.24 | 7.51 | » | » | » | » | |
| 12° | 9.70 | 10.90 | 9.30 | 9.80 | 16.66 | 22.22 | 3.33 | 5.55 | |
| 16° | 13.12 | 13.55 | 11.31 | 15.95 | 33.33 | 36.11 | 7.57 | 5.55 | |
| 20° | 16.70 | 16.30 | 18.35 | 16.66 | 38.88 | 38.88 | 2.77 | 2.77 | |
| 24° | 19.42 | 23.10 | 20.97 | 22.87 | 33.33 | 58.33 | 1.16 | 8.33 | |
| Moyennes | | | | | 21.4 | 31.1 | 3.6 | 4.4 | |
| 700 mètres — 8° | 8.52 | » | 8.68 | 10.48 | 8.33 | 33.33 | » | 8.33 | |
| 12° | 11.72 | » | 13.11 | 13.15 | 38.09 | 20.83 | 2.38 | 4.17 | |
| 16° | 15.97 | » | 15.44 | 15.21 | 34.95 | 25.00 | 11.11 | 6.25 | |
| 20° | 20.35 | » | 21.18 | 23.21 | 22.22 | 25.00 | 5.55 | » | |
| 24° | 23.70 | » | 21.31 | 26.05 | 15.83 | 8.33 | 1.16 | » | |
| Moyennes | | | | | 29.0 | 22.5 | 4.6 | 3.5 | |

## TIR PLONGEANT. — TABLEAU N° 1. (Suite.)

| DISTANCES et ANGLES DE TIR | NOMBRE de coups tirés (1) Siège | Campe | PORTÉE moyenne de la poudre au mortier-éprouvette (2) Siège | Campe | CHARGES des tables (3) Siège | Campe | CHARGES moyennes adoptées (4) Siège | Campe | DIFFÉRENCES entre les charges des tables et les charges adoptées en 1862 (5) Siège | Campe |
|---|---|---|---|---|---|---|---|---|---|---|
| 800 mètres — 12° | 30 | 36 | 232 | » | 310 | 295 | 328 | 334 | 18 | 39 |
| 16° | 114 | 120 | 233 | » | 254 | 250 | 280 | 280 | 26 | 30 |
| 20° | 84 | 84 | 234 | » | 220 | 223 | 245 | 239 | 19 | 16 |
| 24° | 18 | 48 | 230 | » | 202 | 202 | 216 | 215 | 14 | 13 |
| 900 mètres — 12° | 60 | 51 | 224 | » | 315 | » | 360 | 380 | 15 | » |
| 16° | 60 | 60 | 228 | » | 282 | » | 306 | 305 | 24 | » |
| 20° | 72 | 66 | 228 | » | 241 | » | 269 | 269 | 25 | » |
| 24° | 12 | 12 | 220 | » | 224 | » | 235 | 235 | 11 | » |
| 1,000 mètres — 8° | 12 | 12 | 239 | » | 508 | 485 | 636 | 595 | 128 | 110 |
| 12° | 48 | 18 | 230 | » | 380 | 370 | 391 | 391 | 14 | 21 |
| 16° | 96 | 90 | 237 | » | 310 | 295 | 338 | 336 | 28 | 41 |
| 20° | 84 | 78 | 238 | » | 268 | 260 | 298 | 300 | 30 | 40 |
| 24° | 12 | 12 | 223 | » | 216 | 250 | 235 | 237 | 11 | 13 |
| 1,100 mètres — 12° | 24 | 18 | 238 | » | 415 | » | 456 | 458 | 41 | » |
| 16° | 24 | 24 | 227 | » | 338 | » | 362 | 362 | 26 | » |
| 20° | 36 | 30 | 230 | » | 202 | » | 321 | 327 | 29 | » |
| 1,200 mètres — 16° | 24 | 18 | 237 | » | 366 | 360 | 390 | 415 | 24 | 55 |
| 20° | 24 | 18 | 238 | » | 316 | 320 | 343 | 342 | 27 | 22 |
| 24° | 12 | 12 | 259 | » | 290 | 280 | 327 | 365 | 37 | 85 |
| 1,300 mètres — 16° | 12 | 12 | 224 | » | 394 | » | 399 | 437 | 5 | » |
| 20° | 24 | 24 | 230 | » | 346 | » | 357 | 403 | 17 | » |
| 1,400 mètres — 12° | 12 | 12 | 237 | » | 520 | 500 | 555 | 559 | 35 | 29 |
| 16° | 12 | 12 | 236 | » | 422 | 420 | 437 | 439 | 15 | 19 |
| 20° | 12 | 12 | 236 | » | 361 | 360 | 378 | 379 | 11 | 19 |
| 24° | 12 | 12 | 210 | » | 331 | 330 | 380 | 415 | 16 | 85 |

| DISTANCES et ANGLES DE TIR | DÉRIVATIONS des tables (6) Siège | Campe | DÉRIVATIONS moyennes obtenues (7) Siège | Campe | NOMBRE de coups pour cent dans le terre-plein (8) Siège | Campe | NOMBRE pour cent d'affûts touchés (9) Siège | Campe | OBSERVATIONS |
|---|---|---|---|---|---|---|---|---|---|
| 800 mètres — 12° | 13.74 | 13.50 | 13.70 | 13.63 | 56.66 | 36.11 | 10.00 | 5.55 | |
| 16° | 18.76 | 20.65 | 18.59 | 18.42 | 38.00 | 3.74 | » | 8.33 | |
| 20° | 24.00 | 24.90 | 22.49 | 26.11 | 13.88 | 19.44 | 2.77 | 5.55 | |
| 24° | 27.98 | 30.90 | 30.84 | 32.25 | 50.00 | 20.83 | 8.33 | » | |
| *(moyenne)* | | | | | 39.6 | 20.0 | 5.3 | 4.8 | |
| 900 mètres — 12° | 15.96 | » | 15.11 | 15.36 | 30.55 | 26.66 | 5.55 | 6.66 | |
| 16° | 21.58 | » | 21.39 | 23.62 | 25.00 | 25.00 | 16.66 | 25.00 | |
| 20° | 27.65 | » | 25.49 | 28.04 | 19.27 | 10.00 | 2.77 | » | |
| 24° | 32.26 | » | 29.00 | 29.00 | 8.33 | 50.00 | 8.33 | 16.66 | |
| *(moyenne)* | | | | | 26.8 | 27.9 | 8.6 | 12.01 | |
| 1,000 mètres — 8° | 13.06 | 15.20 | 12.69 | 13.91 | 50.00 | 33.33 | 8.33 | » | (1) Les pièces de siège avaient tiré 620 coups. |
| 12° | 17.98 | 20.15 | 18.37 | 27.08 | 31.25 | 27.08 | 2.08 | » | |
| 16° | 24.40 | 25.00 | 25.03 | 28.88 | 22.22 | 26.66 | 2.77 | 3.33 | |
| 20° | 31.30 | 30.15 | 31.95 | 32.45 | 16.66 | 14.58 | 8.33 | » | (2) Les pièces avaient tiré 206 coups. |
| 24° | 36.54 | 36.90 | 37.17 | 39.20 | 8.33 | 8.33 | » | » | |
| *(moyenne)* | | | | | 25.7 | 22.0 | 4.3 | 0.8 | |
| 1,100 mètres — 12° | 20.00 | » | 22.86 | 22.21 | 20.83 | 33.33 | 4.16 | 5.55 | |
| 16° | 27.22 | » | 26.78 | 28.30 | 8.33 | 12.50 | 8.33 | 4.16 | |
| 20° | 34.95 | » | 34.83 | 34.83 | 13.88 | 12.33 | » | » | |
| *(moyenne)* | | | | | 14.3 | 19.7 | 4.1 | 3.2 | |
| 1,200 mètres — 16° | 30.04 | 28.10 | 31.02 | 25.35 | 16.65 | 5.55 | » | » | |
| 20° | 38.60 | 33.15 | 36.36 | 38.85 | 16.66 | 16.66 | 4.16 | 5.55 | |
| 24° | 45.10 | 36.75 | 45.00 | 32.41 | » | » | » | » | |
| *(moyenne)* | | | | | 11.1 | 7.4 | 1.4 | 1.8 | |
| 1,300 mètres — 16° | 32.86 | » | 30.52 | 35.16 | 17.50 | 8.75 | » | » | |
| 20° | 42.25 | » | 49.64 | 46.03 | 8.33 | 16.66 | 8.33 | » | |
| *(moyenne)* | | | | | 12.9 | 12.7 | 4.16 | » | |
| 1,400 mètres — 12° | 26.06 | 30.00 | 25.75 | 31.01 | » | » | » | » | |
| 16° | 35.68 | 35.60 | 25.42 | 35.83 | » | 8.33 | » | 8.33 | |
| 20° | 45.80 | 28.90 | 47.22 | 13.19 | » | » | » | » | |
| 24° | 53.66 | 50.65 | 52.57 | 44.60 | » | » | » | » | |
| *(moyenne)* | | | | | » | 2.1 | » | 2.1 | |

Résultat général du tir plongeant pour sept Écoles . . . . . 25.2 | 23.8 | 5.3 | 5.0

## TIR PLONGEANT. — TABLEAU N° 2.

| DISTANCES et ANGLES DE TIR. | | NOMBRE de coups tirés. Siége et campagne. | NOMBRE de coups dans le terre-plein. Siége et campagne. | Pour cent de coups dans le terre-plein. | NOMBRE d'affûts touchés. Siége et campagne. | Pour cent d'affûts touchés. |
|---|---|---|---|---|---|---|
| 300 mètres | 8° | 120 | 34 | 28.3 | 12 | 10.0 |
| | 12° | 216 | 70 | 32.4 | 19 | 8.8 |
| | 16° | 216 | 114 | 52.8 | 33 | 15.3 |
| | 20° | 168 | 81 | 48.2 | 15 | 8.9 |
| | 25° | 48 | 15 | 31.3 | 3 | 6.3 |
| | | 768 | 314 | 40.8 | 82 | 10.7 |
| 400 mètres | 8° | 72 | 11 | 15.3 | 3 | 4.2 |
| | 12° | 216 | 66 | 30.4 | 12 | 5.5 |
| | 16° | 312 | 130 | 41.6 | 21 | 6.7 |
| | 20° | 264 | 111 | 42.0 | 34 | 12.9 |
| | 24° | 120 | 52 | 43.3 | 8 | 6.6 |
| | | 984 | 370 | 38.6 | 78 | 7.9 |
| 500 mètres | 8° | 24 | 7 | 29.1 | 3 | 12.5 |
| | 12° | 162 | 52 | 32.1 | 14 | 8.6 |
| | 16° | 168 | 56 | 33.3 | 19 | 11.3 |
| | 20° | 162 | 53 | 32.1 | 7 | 4.3 |
| | 24° | 24 | 13 | 54.1 | 1 | 4.1 |
| | | 540 | 181 | 33.5 | 44 | 8.1 |
| 600 mètres | 8° | 24 | » | » | » | » |
| | 12° | 90 | 18 | 20.0 | 6 | 6.6 |
| | 16° | 258 | 90 | 34.9 | 12 | 4.6 |
| | 20° | 192 | 65 | 33.8 | 5 | 2.6 |
| | 24° | 120 | 53 | 44.2 | 7 | 5.8 |
| | | 684 | 226 | 33.0 | 30 | 4.4 |
| 700 mètres | 8° | 24 | 5 | 20.8 | 1 | 4.1 |
| | 12° | 162 | 39 | 24.1 | 5 | 3.1 |
| | 16° | 114 | 31 | 27.2 | 10 | 8.7 |
| | 20° | 120 | 28 | 23.3 | 6 | 5.0 |
| | 24° | 48 | 13 | 27.0 | 1 | 2.0 |
| | | 468 | 116 | 24.8 | 23 | 4.9 |
| 800 mètres | 12° | 66 | 30 | 45.5 | 5 | 7.6 |
| | 16° | 234 | 71 | 30.3 | 6 | 2.5 |
| | 20° | 168 | 39 | 24.0 | 6 | 3.6 |
| | 24° | 96 | 25 | 26.0 | 2 | 2.1 |
| | | 564 | 165 | 29.2 | 19 | 3.4 |
| A reporter . | | 4,008 | 1,372 | » | 276 | » |

## TIR PLONGEANT. — TABLEAU N° 2. (*Suite.*)

| DISTANCES et ANGLES DE TIR. | NOMBRE de coups tirés. Siége et campagne. | NOMBRE de coups dans le terre-plein. Siége et campagne. | Pour cent de coups dans le terre-plein. | NOMBRE d'affûts touchés. Siége et campagne. | Pour cent d'affûts touchés. |
|---|---|---|---|---|---|
| Report . . . . . | 4,008 | 1,372 | » | 276 | » |
| 900 mètres 12° | 114 | 25 | 22.0 | 7 | 6.1 |
| 16° | 120 | 34 | 28.3 | 7 | 5.8 |
| 20° | 138 | 30 | 21.7 | 7 | 5.0 |
| 24° | 48 | 11 | 23.0 | 3 | 6.2 |
|  | 420 | 100 | 23.8 | 24 | 5.7 |
| 1,000 mèt. 8° | 24 | 10 | 41.7 | 1 | 4.2 |
| 12° | 96 | 28 | 29.1 | 1 | 1.0 |
| 16° | 186 | 40 | 21.5 | 5 | 2.7 |
| 20° | 162 | 38 | 23.4 | 6 | 3.7 |
| 24° | 24 | 2 | 8.4 | » | » |
|  | 492 | 118 | 23.9 | 13 | 2.6 |
| 1,100 mèt. 12° | 42 | 11 | 26.2 | 2 | 4.8 |
| 16° | 48 | 5 | 10.4 | 3 | 6.3 |
| 20° | 66 | 9 | 13.6 | » | » |
|  | 156 | 25 | 16.0 | 5 | 3.2 |
| 1,200 mèt. 16° | 42 | 5 | 12.0 | » | » |
| 20° | 42 | 7 | 17.0 | 2 | 5.0 |
| 24° | 24 | 3 | 12.5 | » | » |
|  | 108 | 15 | 14.0 | 2 | 1.8 |
| 1,300 mèt. 16° | 24 | 3 | 12.5 | » | » |
| 20° | 48 | 3 | 6.3 | 1 | 2.1 |
|  | 72 | 6 | 8.3 | 1 | 1.4 |
| 1,400 mèt. 12° | 24 | » | » | » | » |
| 16° | 24 | 1 | 4.1 | 1 | 4.1 |
| 20° | 24 | » | » | » | » |
| 24° | 24 | 4 | 16.6 | » | » |
|  | 96 | 5 | 5.2 | 1 | 1.0 |
| TOTAL GÉNÉRAL | 5,352 | 1,641 | 30.6 | 322 | 6.0 |

## TIR A 45°. — TABLEAU N° 3.

| DISTANCES de tir sous l'angle de 45°. | NOMBRE de coups tirés. (1) | | PORTÉE moyenne de la poudre au mortier-éprouvette. (2) | | CHARGES des tables. (3) | | CHARGES moyennes adoptées. (4) | | DIFFÉRENCES entre les charges des tables et les charges adoptées en 1862. (5) | | DÉRIVATIONS des tables. (6) | | DÉRIVATIONS moyennes obtenues. (7) | | NOMBRE de coups pour cent dans le terre-plein. (8) | | NOMBRE pour cent d'affûts touchés. (9) | | OBSERVATIONS. |
|---|---|---|---|---|---|---|---|---|---|---|---|---|---|---|---|---|---|---|---|
| | Siège. | Compe. | Siège. | Compe. | Siège. | Compe. | Siège. | Compe. | Siège. | Compe. | Siège. | Compe. | Siège. | Compe. | Siège. | Compe. | Siège. | Compe. | |
| 500 . . . . . . . . | 132 | 96 | 229 | » | 122 | » | 120 | 132 | 7 | » | 28.7 | » | 26.1 | 25.8 | 19.0 | 27.1 | 3.4 | 4.2 | La portée moyenne de la poudre au mortier-éprouvette a été de 228 mètres, comme dans les expériences de 1861. |
| 600 . . . . . . . . | 192 | 180 | 229 | » | 140 | » | 145 | 146 | 5 | » | 43.2 | » | 42.2 | 43.5 | 31.7 | 31.7 | » | » | Mêmes observations pour les colonnes 3, 7, 8 et 9 de ce tableau que pour les colonnes 4, 7, 8 et 9 du tableau relatif au tir plongeant. |
| 700 . . . . . . . . | 96 | 84 | 226 | » | 151 | » | 160 | 178 | 9 | » | 46.7 | » | 46.3 | 48.1 | 10.4 | 16.7 | » | » | |
| 800 . . . . . . . . | 108 | 96 | 233 | » | 174 | » | 185 | 186 | 11 | » | 64.1 | » | 65.0 | 64.3 | 20.8 | 36.1 | 2.1 | 2.8 | |
| 900 . . . . . . . . | 48 | 60 | 229 | » | 187 | » | 202 | 220 | 15 | » | 72.7 | » | 64.9 | 64.1 | » | 8.3 | » | » | |
| 1,000 . . . . . . . . | 120 | 132 | 231 | » | 211 | » | 227 | 236 | 16 | » | 79.0 | » | 80.3 | 81.0 | 8.3 | 13.3 | » | 3.3 | |
| 1,100 . . . . . . . . | 36 | 18 | 234 | » | 214 | » | 251 | 256 | 37 | » | 80.0 | » | 86.2 | 82.0 | 25.0 | 39.0 | » | 2.8 | |
| 1,200 . . . . . . . . | 24 | 36 | 231 | » | 210 | » | 276 | 284 | 36 | » | 96.2 | » | 92.1 | 90.3 | 8.3 | 4.2 | » | » | |
| 1,300 . . . . . . . . | 21 | 24 | 231 | » | 268 | » | 290 | 293 | 22 | » | 98.0 | » | 109.7 | 104.7 | 16.7 | 8.3 | » | » | |
| 1,400 . . . . . . . . | 36 | 36 | 225 | » | 279 | » | 321 | 310 | 45 | » | 121.0 | » | 115.2 | 124.1 | 4.2 | 4.2 | » | » | |
| 1,600 . . . . . . . . | 12 | 12 | 213 | » | 310 | » | 342 | 352 | 32 | » | 124.0 | » | 122.0 | 124.0 | » | 16.7 | » | » | |
| 2,000 . . . . . . . . | 12 | 12 | 221 | » | 394 | » | 401 | 399 | 10 | » | 166.0 | » | 232.0 | 270.0 | » | » | » | » | |
| Résultat général du tir à 45° pour sept Écoles . . . . . . . . . | | | | | | | | | | | | | | | 12.5 | 17.1 | 0.16 | 1.1 | |

## TIR A 45°. — - TABLEAU N° 4.

| DISTANCES de tir sous l'angle de 45°. | NOMBRE de coups tirés. Siége et campagne. | NOMBRE de coups dans le terre-plein Siége et campagne. | Pour cent de coups dans le terre-plein. | NOMBRE d'affûts touchés. Siége et campagne. | Pour cent d'affûts touchés. |
|---|---|---|---|---|---|
| 500 . . . . . | 228 | 49 | 21.5 | 7 | 3.1 |
| 600 . . . . . | 372 | 119 | 32.0 | 6 | 1.6 |
| 700 . . . . . | 180 | 35 | 19.4 | 2 | 1.1 |
| 800 . . . . . | 204 | 44 | 21.5 | 2 | 0.9 |
| 900 . . . . | 168 | 12 | 11.1 | » | » |
| 1,000 . . . . . | 252 | 38 | 15.0 | 2 | 0.8 |
| 1,100 . . . . . | 84 | 24 | 28.5 | 1 | 1.2 |
| 1,200 . . . . . | 60 | 2 | 3.3 | » | » |
| 1,300 . . . . . | 48 | 6 | 12.5 | » | » |
| 1,400 . . . . . | 72 | 6 | 8.3 | » | » |
| 1,600 . . . . . | 24 | 2 | 8.3 | » | » |
| 2,000 . . . . . | 24 | » | » | » | » |
| Total . . . . . | 1,656 | 337 | 20.3 | 20 | 1.2 |
| De 500 à 1,100 mètres . . . | 1,128 | 321 | 22.4 | 20 | 1.4 |
| De 1,200 à 2,000 mètres . | 228 | 16 | 7.0 | » | 0.0 |

### TIR PLONGEANT.

| DISTANCES | NOMBRE | NOMBRE | Pour cent | NOMBRE | Pour cent |
|---|---|---|---|---|---|
| De 500 à 1,100 mètres . . . | 5,076 | 1,615 | 32 | 318 | 6 |

## TIR A 35°. — TABLEAU N° 5.

| Distances de tir sous l'angle de 35°. | Portée moyenne de la poudre. | Charges adoptées. | Dérivations au 1er point de chute. | PÉNÉTRATIONS dans le sol. | | Écarts rapportés au point moyen. | |
|---|---|---|---|---|---|---|---|
| | | | | Longitudinale. | Verticale. | En portée. | En direction. |
| Mètres. | Mètres. | Grammes. | Mètres. | Mètres. | Mètres. | Mètres. | Mètres. |
| 200 . . . . . . | 248 | 56 | 2 | 0.64 | 0.06 | 10.46 | 1.99 |
| 400 . . . . . . | » | 103 | 18 | 0.64 | 0.15 | 16.71 | 2.00 |
| 600 . . . . . . | » | 137 | 30 | 0.68 | 0.43 | 15.62 | 2.36 |
| 800 . . . . . | » | 176 | 42 | 1.23 | 0.39 | 21.70 | 4.16 |
| 1,000 . . . . . . | » | 214 | 63 | 0.78 | 0.50 | 23.95 | 5.20 |
| 1,200 . . . . . . | » | 241 | 77 | 0.85 | 0.53 | 28.50 | 4.56 |
| 1,400 . . . . . . | » | 285 | 98 | 0.98 | 0.89 | 26.83 | 5.71 |

# MODÈLE DES PROCÈS-VERBAUX

QUI DEVRONT ÊTRE ÉTABLIS

## PAR LES COMMANDANTS DE BATTERIES

APRÈS LES SÉANCES DE TIR PLONGEANT ET DE TIR A 35° ET A 45°,

EXÉCUTÉES EN 1863.

Portée de la poudre au mortier-éprouvette

Portée inscrite sur le baril

Vent

Temps

# PROCÈS - VERBAL

*de la séance du tir* { *plongeant,* *à 37°* *à 45°* } *faite le*

*par la 1re batterie du 5e régiment.*

Distance (a) du but : 1,000 mètres.

Angle de tir de 12°. — Angle de tir corrigé d'après l'angle d'élévation du but : 13°.

Différence de niveau entre le terre-plein à battre et la plate-forme des pièces

Angle d'élévation du but  + 1°.



| N° des salves | Désignation des pièces | CHARGES indiquées par les tables | essayées | adoptées | Portées obtenues (b) | DÉRIVATIONS indiquées par les tables | obtenues | à hauteur du but (c) | Coups ayant atteint le terre-plein | COUPS (d) trop longs | trop courts | à droite du terre-plein | à gauche du terre-plein | Dimensions du rectangle circonscrit aux premiers points de chute | Affûts touchés | OBSERVATIONS |
|---|---|---|---|---|---|---|---|---|---|---|---|---|---|---|---|---|
| 1 | 2 | 3 | 4 | 5 | 6 | 7 | 8 | 9 | 10 | 11 | 12 | 13 | 14 | 15 | 16 | 17 |
| 1er | 1re c. de siège | | gr. 394 | | m. 1,025 | | m. 21.65 | m. 21.12 | | | | | | | | |
| 2e | Idem. | | 392 | | 1,027 | | 19.15 | 18.64 | | | | | | | | |
| 3e | Idem. | | 390 | | 1,009 | | 20.35 | 20.16 | | | | | | | | |
| 4e | Idem. | | 390 | | 1,018 | | 15.90 | 15.61 | | | | | | longueur. | | |
| 5e | Idem. | 380 | 388 | 386 | 1,005 | 17.98 | 16.75 | 16.67 | | | | | | | | |
| 6e | Idem. | | 386 | | 1,009 | | 17.80 | 17.64 | | | | | | largeur. | | |
| 7e | Idem. | | 385 | | 990 | | 23.15 | 23.69 | | | | | | | | |
| 8e | Idem. | | 385 | | 989 | | 15.95 | 16.12 | | | | | | | | |
| 9e | Idem. | | 386 | | 1,001 | | 15.95 | 17.93 | | | | | | | | |
| 10e | Idem. | | 386 | | 1,009 | | 18.00 | 17.84 | | | | | | | | |
| Moyennes pour le 1er canon de siège | | " | 388.2 | 386 | 1,008.2 | " | 18.69 | 18.54 | | | | | | | | |
| 1er | 2e c. de siège | | | | | | | | | | | | | | | |
| 2e | Idem. | | | | | | | | | | | | | | | |
| 3e | Idem. | | | | | | | | | | | | | | | |
| 4e | Idem. | | | | | | | | | | | | | | | |
| 5e | Idem. | | | | | | | | | | | | | longueur. | | |
| 6e | Idem. | | | | | | | | | | | | | largeur. | | |
| 7e | Idem. | | | | | | | | | | | | | | | |
| 8e | Idem. | | | | | | | | | | | | | | | |
| 9e | Idem. | | | | | | | | | | | | | | | |
| 10e | Idem. | | | | | | | | | | | | | | | |
| Moyennes pour le 2e canon de siège | | | 379.2 | 385 | 983 | | 16.25 | 16.51 | | | | | | | | |

(a) On indiquera dans la colonne des observations la position du point pris pour but, soit sur la crête, soit dans l'intérieur de l'ouvrage.

(b) Les portées indiquées dans la colonne 6 seront les distances réellement observées de la pièce au point de chute, et non la portée modifiée, en supposant le terrain horizontal.

(c) Ces dérivations se déduiront facilement et avec une approximation suffisante de la formule:

$$D = 0.0015\, P.A,$$

qui, pour un même angle de tir, fournit la relation: $D' = D\dfrac{P'}{P}$

(d) Les indications des colonnes 11 et 12 se rapporteront au point pris pour but, et non aux extrémités du terre-plein de 55 mètres de long sur 8 mètres de large.

| Nos des salves. | Désignation des pièces. | CHARGES indiquées par les tables. | CHARGES essayées. | CHARGES adoptées. | Portées obtenues (*b*). | DÉRIVATIONS indiquées par les tables. | DÉRIVATIONS obtenues. | DÉRIVATIONS à hauteur du but (*c*). | Coups ayant atteint le terre-plein. | COUPS (*d*) trop longs. | COUPS (*d*) trop courts. | COUPS ayant atteint à droite du terre-plein. | COUPS ayant atteint à gauche du terre-plein. | Dimensions du rectangle circonscrit aux premiers points de chute. | Affûts touchés. | OBSERVATIONS. |
|---|---|---|---|---|---|---|---|---|---|---|---|---|---|---|---|---|
| 1 | 2 | 3 | 4 | 5 | 6 | 7 | 8 | 9 | 10 | 11 | 12 | 13 | 14 | 15 | 16 | 17 |
| 1er | 1er c. d. camp. | | | | | | | | | | | | | | | |
| 2e | Idem. | | | | | | | | | | | | | | | |
| 3e | Idem. | | | | | | | | | | | | | | | |
| 4e | Idem. | | | | | | | | | | | | | longueur | | |
| 5e | Idem. | 370 | | | | | | | | | | | | | | |
| 6e | Idem. | | | | | | | | | | | | | largeur | | |
| 7e | Idem. | | | | | | | | | | | | | | | |
| 8e | Idem. | | | | | | | | | | | | | | | |
| 9e | Idem. | | | | | | | | | | | | | | | |
| 10e | Idem. | | | | | | | | | | | | | | | |
| Moyennes pour le 1er canon de camp.. | | » | 391 | 389 | 1,018 | » | 20.73 | 20.36 | | | | | | | | |
| 1er | 2e c. d. camp. | | | | | | | | | | | | | | | |
| 2e | Idem. | | | | | | | | | | | | | | | |
| 3e | Idem. | | | | | | | | | | | | | | | |
| 4e | Idem. | | | | | | | | | | | | | longueur | | |
| 5e | Idem. | | | | | | | | | | | | | | | |
| 6e | Idem. | | | | | | | | | | | | | largeur | | |
| 7e | Idem. | | | | | | | | | | | | | | | |
| 8e | Idem. | | | | | | | | | | | | | | | |
| 9e | Idem. | | | | | | | | | | | | | | | |
| 10e | Idem. | | | | | | | | | | | | | | | |
| Moyennes pour le 2e canon de camp. . | | » | 380 | 384 | 985 | » | 18.23 | 18.50 | | | | | | | | |
| | | | | | Portée moyenne correspondant à la charge moyenne. | | | | Nombre de coups dans le terre-plein. | | | | | | Nombre d'affûts touchés. | |
| Moy. pour les 2 can. de siége | | | 383.7 | 385.5 | Siége : Charge 383.7 Portée 9[illegible]5,6 | » | 17.16 | 17.52 | Siége. | . . . . . | . . . . . | . . . . . | . . . . . | . . . . . | Siége. | |
| Moy. pour les 2 can. de camp. | | | 385.5 | 386.5 | Campagne : Charge 38[illegible] Portée 1,001.5 | » | 19.18 | 19.43 | Camp. | . . . . . | . . . . . | . . . . . | . . . . . | . . . . . | Camp. | |

École d'artillerie de

---

# TABLEAU RÉCAPITULATIF

### DES PROCÈS-VERBAUX

## DES SÉANCES DE TIR PLONGEANT ET DE TIR A 35° ET A 45°

### EXÉCUTÉS EN 1863

*par le      ᵉ régiment d'artillerie.*

# TABLEAU DES RÉSULTATS DES EXERCICES DE TIR PLONGEANT ET DE TIR A 35° ET A 45°,

*exécutés en 1863 par le ᵉ régiment d'artillerie.*

| Numéros des régiments et des batteries. | Angles de tir. | Distances du tir. | PORTÉE de la POUDRE. | | CHARGES | | | | PORTÉES moyennes correspondantes aux charges moyennes essayées. | | DÉRIVATIONS corres aux portées moyennes obtenues. | | MOYENNES pondantes à la distance du but (*). | | NOMBRE de coups tirés. | | NOMBRE de coups ayant atteint le terre-plein. | | NOMBRE d'affûts touchés. | | OBSERVATIONS. |
| | | | à l'épouvette. | inscrite sur le baril. | moyennes essayées. | | adoptées. | | | | | | | | | | | | | | |
| | | | | | Canon de siége. | Canon de campagne. | Canon de siége. | Canon de campagne. | Canon de siége. | Canon du campagne | Canon de siége. | Canon de campagne. | Canon de siége. | Canon de campagne. | Canon de siége. | Canon de campagne. | Canon de siége. | Canon de campagne. | Canon de siége. | Canon de campagne | |
| 1 | 2 | 3 | 4 | 5 | 6 | 7 | 8 | 9 | 10 | 11 | 12 | 13 | 14 | 15 | 16 | 17 | 18 | 19 | 20 | 21 | 22 |

(*) Les dérivations indiquées dans les colonnes 14 et 15 seront les moyennes des dérivations inscrites par les commandants de batterie dans la colonne 9 de leurs procès-verbaux.